Ann Coleson

Gefangen bei den Sioux-Indianern

Ann Coleson

Gefangen bei den Sioux-Indianern

ISBN/EAN: 9783743333482

Hergestellt in Europa, USA, Kanada, Australien, Japan

Cover: Foto ©ninafisch / pixelio.de

Manufactured and distributed by brebook publishing software (www.brebook.com)

Ann Coleson

Gefangen bei den Sioux-Indianern

1.

Am Abend des 12. Januar 1863 wurde das Wohnhaus der Witwe Coleson, nahe Neu-Ulm, in Winnesota von einer Räuberbande der Sioux-Indianer, unter ihrem Anführer, genannt „Weißer Adler," einem Krieger von bedeutendem Rufe, angegriffen.

Dies Wohnhaus war in uralter Weise von Baumstämmen in Form einer doppelten Hütte erbaut, wovon ein Zimmer von Frau Coleson und ihrer Familie, bestehend aus vier Personen, zwei Söhnen und zwei Töchtern, alle bereits erwachsen, bewohnt war, während das andere von einem Jäger, Namens Warts, seiner Frau und drei Kindern, benutzt wurde.

Es war zwölf Uhr Nachts.

Eine der Töchter war am Webstuhl, die andere beim Flachsspinnen beschäftigt.

Beide jungen Männer hatten sich zur Ruhe begeben, ebenso die Kinder der Frau Warts, obgleich diese Dame und Frau Coleson wachten, die die Rückkehr des Warts abwarteten, über dessen spätes Ausbleiben sie besorgt waren.

In diesen neuen Niederlassungen pflegen sich die Familien für die kommenden Monate mit Nahrung aus dem Walde und dem Flusse zu versorgen, und auf diese Weise hat der Gatte und Vater seinen täglichen Beschäftigungen nachzugehen.

Seine Heimkehr, wenn er beladen mit Beute von der Jagd zurückkommt, wird mit der sorgsamsten Zärtlichkeit von dem Weibe und den Kindern des Abends erwartet. Sollte er durch Zufall unabwendbar aufgehalten werden, seinen Weg verlieren, oder von anderen Mißgeschicken befallen sein, so empfindet sie alle Qualen der Angst und Sorge, sie läuft nach der Thür und sieht hinaus, lauscht jede paar Minuten und kann den Gedanken nicht entfernen, daß ihm etwas Schreckliches begegnet sei, bis sie durch seine wohlbekannten Schritte und willkommene Stimme beruhigt ist.

Am fraglichen Abend trug die späte Stunde, das ungewöhnliche Ausbleiben Warts und vielleicht das Gefühl einer bevorstehenden Gefahr dazu bei, die Unterhaltung der zwei ältlichen Frauen sehr ernst zu stimmen, während sie gebückt am Feuer saßen, dessen Licht und Wärme sich über das ganze Haus verbreitete.

„Ich weiß, es wird sich etwas ereignen," sprach Frau Coleson, mit einem Seufzer, „und wenn es nicht ein Todesfall ist, so mögt Ihr mir nie wieder auf's Wort glauben; John sagt, es ist nichts, aber ich bin älter als John."

„Sprecht Ihr von dem Hund?" frug Frau Warts.

„Ja von dem Hund; Ihr habt ihn ebenso gut gehört als ich, wie er den ganzen langen Abend wie ein

Mensch seufzte und ächzte — er heulte nicht, sondern er schrie vor Angst. — Ich konnte deshalb nicht schlafen, Ihr konntet ebenfalls nicht, Anna und Sally fanden folgedessen auch keine Ruhe."

„Horcht, was ist das?" unterbrach Frau Warts.

Beide Frauen horchten.

„Es sind Eulen!" sprach Frau Coleson.

„So schreien sie nicht gewöhnlich!" antwortete Frau Warts. „Ich will nach der Thür gehen und lauschen, vielleicht höre ich etwas von meinem Manne."

„Oeffnet die Thüre nicht!" schrie Frau Coleson. „Ihr wißt nicht, wen und was Ihr einlasset."

„Warum? was meint Ihr?" frug Frau Warts, indem sie ihre Gesellschafterin mit Schrecken und Angst anblickte.

„Grad, was ich sage, öffnet die Thür nicht!"

„Es ist Jemand da," und Frau Warts hält ihren Finger lauschend empor.

„Ich glaube die Pferde sind es," sagte Frau Warts.

„Rufet lieber John!" sprach Frau Warts.

„Ich will!" erwiderte Frau Coleson und stieg auf den Boden wo ihre Söhne schliefen.

John, der ältere, war bereits einige Zeit schon wach gewesen. Er war schon wiederholt im Begriff, seinen Bruder Thomas anzurufen, aber immer hielt ihn die Furcht zurück, daß er sich lächerlich mache und dem Vorwurf der Furchtsamkeit aussetze, welcher in dieser Gegend als der unverzeihlichste Fehler eines männlichen Charakters angesehen wurde.

Von Beginn der alarmierenden Anzeichen war er überzeugt, daß Unglück im Anzuge sei. Dadurch, daß er sich sogleich erhob, als seine Mutter erschien, wurde Thomas aufgeweckt, welcher frug: „Was es gäbe?" Ehe noch einer von ihnen antworten konnte, hörte man hastige Schritte im Hofe, denen zugleich mehrere Schläge an die Thür hintereinander folgten, begleitet von der Forderung um Einlaß, welche von einer Stimme ausging, die eine Nachahmung derjenigen der Frau Warts sein sollte.

In der Zwischenzeit hatten sowohl Frau Coleson als ihre Söhne das Kellergeschoß erreicht, während Frau Warts die nur an ihren Gatten dachte, aufstand, um die Stange zu entfernen, welche die Thür versperrte, als Frau Coleson, die lange genug an der Grenze gelebt hatte, und wahrscheinlich den indianischen Accent in den soeben vernommenen Worten bemerkt hatte, vorsprang und Frau Warts befahl, Niemanden die Thür zu öffnen, da es Indianer seien.

„Jungen, holt Eure Gewehre!" schrie sie mit Blick und Wesen einer Heldin.

Die jungen Männer liefen sogleich nach ihren Waffen, die immer geladen und in Bereitschaft waren, um einen Feind zurückzutreiben.

Als die Indianer fanden, daß man ihre wahren Charakter entdeckt hatte, fingen sie an mit großer Heftigkeit gegen die Thür zu donnern, aber ein einziger Schuß aus einem Schlüpfloch zwang sie, den Angriff auf einen weniger gefährlichen Punkt zu verschieben. Unglücklicher Weise bemerken sie die Hinterthür der Hütte, welche nicht so sicher bewacht war und zu der Abteilung führte, in welchem die Mädchen bei der Arbeit waren. Die Gewehre der Brüder konnten nicht zugleich nach allen Punkten gerichtet werden.

Mit Hülfe von Stangen, welche aus dem Hofzaun gebrochen wurden, ward die Thür erbrochen und die beiden Mädchen befanden sich unter der Gnade der Wilden.

Anna ward sofort festgenommen, den schrecklichsten Qualen unterworfen; doch Sally, welche das Schicksal ihrer Schwester sah, entschloß sich eher zu sterben, als sich zu ergeben.

Indem sie ein großes Fleischmesser ergriff, welches bei dem Webstuhl lag, verteidigte sie sich verzweifelt und stach einen der Indianer bis an's Herz hinein, ehe sie das Beil der Indianer tötete.

Gleich darauf hörte man das Knistern der Flammen, begleitet von dem Siegesgebrüll der Indianer, woraus hervorging, daß sie den Teil des Hauses, in dem sich die Töchter befanden, und indem sie unbeschränkt herrschen konnten, in Brand gesteckt hatten.

Das Feuer teilte sich schnell dem übrigen Teil des Gebäudes mit und es ward notwendig, dasselbe zu verlassen, oder in den Flammen zu sterben.

In dem einen Falle war eine geringe Möglichkeit

vorhanden, daß mancher vielleicht entkam, im andern war der Tod unausbleiblich. Das schnelle Umsichgreifen des Feuers ließ nur wenig Zeit zum Nachdenken übrig. Die Flammen hatten bereits schon eine Boesche gemacht und die Indianer standen im Begriff, einzudringen. Die Thür ward aufgesprengt und Alle stürzten hinaus; Frau Coleson, bewacht von ihrem ältesten Sohne, versuchte, an dem einen Platz über die Fenz zu steigen, während der andere Sohn, der die zwei ältesten Kinder trug, in einer anderen Richtung entfloh, und Frau Warts mit ihrem Jüngsten auf eigene Hand suchen mußte, ihnen nachzufolgen.

In ihrer Gier, die Vorräte und Wertsachen des Hauses zu erlangen, hatten die Indianer der Flucht anfangs wenig Aufmerksamkeit geschenkt, doch als Frau Coleson eben im Begriff war, sich über die Fenz zu schwingen, ward sie an mehreren Stellen von Flintenkugeln schwer verwundet und mit einem Schmerzensschrei sank sie zu Boden.

Ihr Sohn, von Kummer und Schreck gelähmt, beugte sich nieder, um ihr beizustehen, aber in demselben Augenblick ward er von hinten angegriffen und zum Gefangenen gemacht.

Dem anderen jungen Manne gelang es, die Fenz unverletzt zu erreichen, aber als er dieselbe übersteigen wollte, wurde er von mehreren Indianern wütend angegriffen, welche, nachdem sie ihre Flinten niedergeworfen, mit ihren Kriegsbeilen auf ihn stürzten. Er verteidigte sich tapfer, feuerte auf den herannahenden Feind und, dann den Kolben seiner Flinte mit solcher Wut um sich schwingend, daß seine Angreifer hinlänglich mit ihm zu thun hatten; gab er Frau Warts und deren Kindern Gelegenheit zur Flucht, demungeachtet wurde er bald von der Zahl überwältigt, im Kopf und in der Brust verwundet und alsbald zum Gefangenen gemacht.

Frau Warts hätte mit ihren Kindern nach einem sicheren Orte entfliehen können, wenn sie die Finsternis der Nacht und die Wut ihrer Feinde benützt und die Flucht ergriffen hätte, aber statt dessen lief die erschreckte Frau händeringend und mit verzweifelndem Geschrei um das Haus herum.

Hierauf folgte schwaches Stöhnen.

Einer der Wilden hatte ihr mit seinem Tomahawk das Gehirn eingeschlagen. Ihr Schädel wurde spalpiert, der Körper in schrecklicher Weise verstümmelt und noch warm und blutend in das Feuer geworfen.

Als das Kind ihren Armen entfiel, stürzte sich ein ungeheurer Wolfshund darüber her, der es im wahren Sinne des Wortes lebend verschlang. Ein anderes Kind, ein Knabe von drei Jahren schrie und weinte bei dem schrecklichen Schicksale des Säuglings. Dies machte die Wilden wütend. Einer derselben nahm das Kind beim Fuß, schmetterte es gegen einen Baum, erstach und spalpierte es, und schleuderte es ebenfalls in die Flammen.

Das dritte Kind, ein Mädchen, war zu sehr erschreckt um zu weinen und entging deshalb dem Tode.

Auf diese Weise entgingen aus zwei friedlichen Familien, von je fünf Personen, nur vier dem Gemetzel und diese waren allen Schrecken und Gefahren inmitten des Winters ausgesetzt.

Die Kälte war fürchterlich, der Schnee lag zwei Fuß hoch, und die Gefangnen waren nur dünn bekleidet. Die jungen Männer hatten in der Hitze des Gefechts vergessen, ihre Röcke anzuziehen und da ihnen ihre Unterkleider allein keinen Schutz gewährten, schnitt ihnen die Kälte beinahe die Knochen entzwei, doch zu gleicher Zeit gewährte ihnen die Kälte insofern einen Nutzen, als sie das Blut ihrer Wunden gerinnen machte.

Sie vergaßen ihre eigenen Leiden beim Anblick der schrecklichen Lage ihrer Schwester und dem Bewußtsein, ihr nicht beistehen zu können.

Der Anführer, „Weißer Adler" genannt, gestattete ihr in einem Anfall von Liebenswürdigkeit oder Großmut den Gebrauch einiger alter Kleidungsstücke, welche etwas besser waren, als gar keine.

Die Gefangenen wurden schleunigst nach dem Norden zu weiter befördert, und bald erreichte man einen dichten Tannenwald, wo die Indianer anhielten, um ihre Beute einzupacken.

Während sie hiermit beschäftigt waren, zählte John Coleson dieselben, und ihre Zahl betrug achtundvierzig, einschließlich zweier weißer Männer, welche sich ebenso bemalt und kostümiert hätten, wie die Anderen. Viele der Indianer konnten englisch sprechen. Die Brüder kannten mehrere sehr wohl, da sie dieselben oft am Flusse gesehen hatten. Die größere Zahl gehörte zum Sioux=Stamme, obgleich Manche dabei waren, die zu anderen Stämmen gehörten.

Nachdem sie sich vielleicht fünfzehn Minuten aufgehalten, setzten sie ihre Reise fort, und bald schlossen sich ihnen andere Indianer=Rotten an einige zu Fuß, andere beritten, doch alle mit Beute beladen und begleitet von Gefangenen jeden Alters und jeder Art.

Die Wilden trugen Schneeschuhe und marschierten schnell, indem sie ihre Gefangenen wie Schlachtvieh vor sich hintrieben.

Wenn einer hinter dem andern zurück zu bleiben begann, peitschten sie ihn, und konnte er dann vor Erschöpfung nicht weiter, so begingen die entmenschten Wilden die gräßlichsten Gräuelthaten.

Auf diese Weise verminderte sich die Zahl der Gefangenen allmählich und ehe der Morgen anbrach, hatten die zarteren Frauen und viele Kinder ihr Leben geendet.

Eine Stunde vor Sonnenaufgang hielten sie zum Frühstück und machten Feuer an.

Die Gefangenen wollten sich nähern, um ihre steifgewordenen Glieder zu erwärmen, dies verboten jedoch die Wilden aus bloßer Grausamkeit, und daher mußten die armen ermüdeten Geschöpfe in steter Bewegung bleiben um zu verhindern, daß sie nicht erfroren.

Einige der Gefangnen erlangten ein paar Brosamen als Speise; doch die Meisten erhielten nichts, obgleich sie der Hunger auf's Aeußerste peinigte. —

Hier schienen die Indianer Rat zu halten, und nach dem Schluß desselben brachen sie in Rotten von zwei und drei auf, welche sich nach verschiedenen Richtungen begaben und jede den von ihnen beanspruchten Teil der Gefangenen mitnahm.

Diese Anordnung bereitete den unglücklichen Gefangenen großen Kummer, da die teuersten Freunde, welche vielleicht etwas Trost in dem Anteil der Sorgen und der Kenntnis des Schicksals der anderen gefunden hätten, vielleicht für ewig getrennt wurden.

Anna Colefon schied von ihren Brüdern unter vielen Thränen. Sie mußte ihren Fängern nach der Richtung des Missouri folgen, während die anderen die Richtung nach den nördlichen Seen einschlugen. Sie und ein kleines Mädchen Namens Mary Ellis, deren Eltern erschlagen waren, wurden von zwei Indianern und einem canadischen Halbblütigen begleitet, welche sie nach einem Platze im Walde führten, wo drei Pferde aufgestellt waren.

Die Indianer stiegen auf und jeder nahm einen der Gefangenen hinter sich, der Canadier schwang sich ebenfalls auf und ritt voran.

Sie kamen bald an einen Fluß, der zugefroren war und ritten über das Eis. Das kleine Mädchen fing alsbald vor Hunger und Kälte zu weinen an, worauf der Indianer, der mit ihm ritt, es mit seinem Beil tötete, skalpierte und die Leiche auf den Weg warf, sie den hungrigen Wölfen überlassend.

Anna Coleson war auf diese Weise ihrem Peiniger allein überlassen, doch trotzdem sie furchtbar litt, wagte sie es doch nicht, sich zu beschweren. Endlich gab ihr der Indianer ein paar mit Pelz gefütterte Beinschienen und weiche Lederschuhe zum Schutz ihrer Füße, außerdem empfing sie eine kleine Portion getrockneten Fleisches und einen Löffel voll Whisky, welches in ihrer erschöpften Lage außerordentlich nahrhaft und schmackhaft für sie war.

Von den Vorfällen, die sich auf dieser langen und mühsamen Reise ereigneten, liefert Anna Coleson eine interessante und rührende Schilderung. Ihre Gesellschaft vergrößerte sich nach jedem weiteren Raubzuge und bestand nun aus fünf Personen, drei Indianern, ihr selbst und einem gefangenen Knaben. Der Mangel an Futter, oder sonst ein anderer Grund, hatte die Wilden veranlaßt ihre Pferde zurück zu lassen.

„Sie legten uns Geschirre an," erzählte Miß Coleson in ihrem Tagebuche, indem sie sich und den Knaben meinte, dessen Name Frank Scott war.

„Sie thaten uns ins Geschirr mit einem breiten Ledergurt, der über Brust und Schultern ging, woran ein starkes Seil befestigt war, und auf diese Weise konnten wir unsere Lasten ziehen, während die Arme frei waren.

Bei allen Indianerstämmen müssen die Weiber die

härteste Arbeit verrichten, und da ich weder an solche Arbeit, noch an solches Reisen gewöhnt war, verursachte mir der Schlitten, welchen ich mit samt der Beute zu ziehen oft gezwungen war, unerträgliche Beschwerden.

Sie gaben mir ein paar Schneeschuhe, aber da ich an deren Gebrauch nicht gewöhnt war, wozu erst eine lange Uebung gehörte, waren sie nur noch eine größere Last für mich.

Die Indianer wählten zu ihrem Wege die gefrorene Oberfläche eines Flusses, dessen Namen ich niemals erfuhr. Die Schneeschuhe wurden schwer und bald so dick mit Eis behangen, da sich zwischen der Oberfläche des Flusses und dem Schnee viel Wasser befand, welches augenblicklich gefror, daß man kurze Stöcke bei sich tragen mußte, um das Eis stets loszuklopfen. Vor uns lag eine weiße Ebene von Schnee, zu beiden Seiten von dichten undurchdringlichen Waldungen begrenzt. Mit den größten Anstrengungen konnten wir nur eine Meile in anderthalb Stunden zurücklegen. Die Indianer waren hierüber ungeduldig und drohten uns mit allen möglichen Schrecken, da sie jedoch fanden, daß ich wirklich meine Möglichkeit that und nicht schneller vorwärts kommen konnte, erleichterten sie meine Last, indem sie verschiedene Gegenstände abnahmen und im Schnee vergruben.

Ich werde nie das Gefühl der Erleichterung vergessen, welches über mich kam, als für die Nacht Halt gemacht wurde, solche Müdigkeit hatte ich noch nie empfunden. Der arme Knabe, mein jetziger Gefährte in der Gefangenschaft war nicht besser daran, er war ein Kranker, der herzkrank war, und zu solch anstrengender Arbeit gänzlich unfähig. Ich wollte ihn trösten und unterhalten, aber dies verboten die Indianer. Wir wurden sorgfältig überwacht und beobachtet, und jedes Wort oder Blick legten sie als Signal zu einem Fluchtplan aus.

Unser Ruheplatz für die Nacht war eine kleine Blockhütte, welche am Ufer des Flusses lag und wahrscheinlich früher einmal von Jägern bewohnt worden war. Die Indianer waren in ihrer Weise viel freundlicher gegen uns geworden, indem sie uns nicht allein eine leibliche Mahlzeit von gebratenem Fleisch, sondern uns auch gestatteten, am Feuer zu sitzen, welches uns die größte Erquickung gewährte. Der Kamin nahm das ganze Ende des Gebäudes ein und war mit großen Holzklötzen angefüllt, der hinterste am Ende war so schwer, daß zwei bis drei Männer ihre Kräfte mit Hebeln anwenden mußten, um ihn herumzubringen. Ueber diesem Feuer wurden die Mocassins und Beinleder der ganzen Gesellschaft zum trocknen aufgehängt.

Betten und allen andern Annehmlichkeiten, außer denen, die uns das Feuer gewährte, hatten wir bereits lange Zeit Lebewohl gesagt, doch lag ein Haufen Felle in einer Ecke, ich wickelte mich in eins derselben und schlief fest auf dem Fußboden ein.

Am nächsten Tage betrug unsere Reise zwölf Meilen: während der Nacht war Schnee gefallen, und da derselbe noch weich war, wurde unser Fortkommen noch schwieriger, als früher. Bei jedem Schritt fühlte ich, als ob meine Füße vom Eise und von den Schneeklumpen an den Boden gekettet wären, und als die Ufer des Flusses weiter zurücktraten, stellte sich noch das Gefühl der Entmutigung zu unseren Beschwerden ein.

Der Punkt auf den unsere Augen nachdenkend gerichtet waren, erschien nach einer Stunde harter Arbeit kaum näher, als zuvor. Das Land schien sich durch einen unberechenbaren Raum vom gegenseitigen Ufer zu entfernen, und o, wie lange sehnten wir uns vergeblich nach dem Ende.

Der Knabe Frank fiel bis zur Körpermitte in ein Luftloch, wo er an den Armen hängen blieb, bis er heraus gezogen werden konnte. Unglücklicher Weise nützte keine Vorsicht gegen diese Gefahr, und wir waren gezwungen ein Bad oder das Ertrinken zu riskieren, da die Indianer uns unbarmherzig nötigten, voranzugehen und hierzu wurden sie wahrscheinlich ebenso wohl aus Bequemlichkeit, als durch die Gefahr veranlaßt, denn zuerst mußte doch Einer den Weg durch den unbetretenen Schnee bahnen, und in den großen Tapfen der Schneehschuhe fanden die Nachfolgenden einen ziemlich bequemeren Gang.

Die Indianer bestimmten unseren Marsch, je nachdem sie das Eis sicher glaubten, doch mußten wir in der Folge viele Umwege machen. Während des Nachmittags erhob sich ein Schneesturm, der uns direkt ins Gesicht schlug, ein Orcan entstand, wir konnten uns kaum weiter als höchstens zehn Yard gegenseitig erkennen und der Sturm gab dem Schnee, durch den wir waten mußten, den Anschein eines wogenden Meeres. Jeden Augenblick vom Winde umhergeworfen, brachten die uns umgebenden Schneewolken einen Zustand förmlicher Erschöpfung in mir hervor.

Am Abend erreichten wir die Spitze eines Hügels, zu dessen Füßen das Indianerdorf lag. Unsere Indianer stießen, sobald sie ihren Geburtsort erblickten, ein wildes, durchdringendes Geschrei aus, welches den Einwohnern unsere Ankunft meldete. Sie drängten sich alsbald in großer Zahl um uns her und sahen so wild und schrecklich aus, daß ich außerordentlich erschreckt war. Ich hatte furchtbare Geschichten gehört, über Gefahren und Schrecknisse die ihre Gefangnen zu bestehen hatten. Dennoch wurden uns diese Heimsuchungen erspart. Männer, Weiber und Kinder schienen uns sogar mehr als Gegenstand der Neugier, als des Hasses und der Bosheit zu betrachten. Sie liefen um uns her, jubelten und jauchzten, während die Verwegensten ganz nahe heran kamen, um unsere Hände, Kleider, Haare und unsere Gesichter mit der größten Sorgfalt zu prüfen. Das Resultat dieser Prüfung schien zufriedenstellend, da kurz darauf mehrere von ihnen unter anhaltendem Gelächter einen förmlichen Jubel ertönen ließen.

2.

Kurz darauf erfuhr ich, daß mein Herr zu dem Missagua Stamme der Indianer gehörte, dem vielleicht am wenigsten interessanten von allen Stämmen dieses Volkes, sowohl in Bezug auf ihre geistigen, wie körperlichen Gaben. Die Männer waren meistens von kleiner Natur mit rohen, abschreckenden Zügen — die Stirn niedrig und zurückfallend, die Ohren groß und abstehend, die Augen blicken nach den Schläfen hin, schlangenähnlich, die Backenknochen hervorragend, die Nase lang und flach, die Nasenlöcher sehr rund, die Kinnbacken hervorstehend, massenhaft und brutal, das Ganze mit einem Ausdruck von Wildheit und stiller Entschlossenheit, die Zähne groß von blendender Weiße.

Doch besteht in der Haltung beider Geschlechter ein großer Unterschied.

Die Lippen der Frauen sind voller, die Kinnbacken weniger hervorstehend und ihr Lächeln gemütlich und angenehm. Die Frauen sind zugleich ein lustiges Völkchen und ihr beständiges Lachen und Schwatzen bilden einen merkwürdigen Kontrast gegen die eiserne Gleichgiltigkeit ihrer finsteren Gatten. Sie umgaben mich von allen Seiten und unter Gelächter und dem Lärm ihres Gesprächs, dem Geschrei der Kinder und dem Bellen der Hunde wurde ich in das Dorf geleitet. Dies war nur eine Sammlung von Hütten an der Grenze eines Cedernsumpfes und in der Nähe eines Sees, den die Indianer Umpha nannten. Ein wenig weiter befand sich eine Ahornpflanzung, woraus die Frauen sich guten Zucker machten. Mein Herr, der kürzlich seine Frau verloren, nahm mich in seinen Wigwam mit der Absicht, daß ich ihre Stelle einnehmen sollte. Ich war aber damit nicht einverstanden, obgleich ich gern darein willigte, seine Speisen zu bereiten und den Wigwam in Ordnung zu halten. Der Indianer schien damit zufrieden, er verfolgte mich weder mit Aufmerksamkeit, noch gestattete er dies Anderen. Er schien zu glauben, daß die Zeit mich mit ihrer Lebensweise aussöhnen und ich alsdann gern seine Frau werden würde. Ich fand mehrere weiße Gefangene, jedoch alles Kinder, die in den Stamm aufgenommen worden, und unter den sie umgebenden Einflüssen bald alle Spur der Civilisation verloren.

Ich ward beständig von den Frauen besucht, die mir Unterricht in all den verschiedenen Künsten des Korbmachens, Perlstickereien auf Mocassins und Beinschienen, Bogenschnitzen, und in der Anfertigung von tausend kleinen Schmucksachen gaben, welche den Indianern soviel Vergnügen gewähren. Es ist gewiß, daß ich keine sehr fähige Schülerin war, meine Gedanken waren zu sehr mit anderen Dingen und Scenen beschäftigt, ich hatte meine Heimat nicht vergessen, obgleich dieselbe jetzt ein Aschenhaufen war. Kein Tag verging, an dem ich nicht über irgend einen Fluchtplan nachdachte, aber ich wußte, daß der Erfolg dieses Planes gänzlich davon abhing, daß ich that, als ob ich mit meiner Lage zufrieden sei. Ich konnte nichts thun, während ich eifrig bewacht und beobachtet wurde. Bald fand ich das die Anführer und Hauptmänner vom Stamme abwesend und auf Beute ausgezogen waren. Ich ermittelte zugleich, daß südliche Emissäre bei ihnen gewesen, um sie zur Rebellion gegen die Vereinigten Staaten aufzureizen, Geschenke von Decken, Flinten, Munition und Tabak waren unter ihnen verteilt worden, von den Agenten Jefferson Davis's, den man sie als ihren großen Vater titulieren gelehrt hatte. Sie hatten außerdem viele Aergernisse wegen der Zahlung ihrer Jahresgehalte erfahren, hierzu kam noch, daß die an den Grenzen stationierten Truppen zurückgezogen waren und ihnen dadurch eine günstige Gelegenheit zur Revolte gegeben ward. Ich glaube, daß es die erste Absicht der Indianer war, ihre Gefangenen als Geißeln zu halten, indem sie für dieselben ein Lösegeld von deren Verwandten und Freunden forderten und da ihnen dies nicht gelang, wurde ihre Wut angestachelt und deshalb peinigten sie ihre Opfer mit der größten Brutalität.

Erst während des Monats Februar brachten die Indianer einen jungen Mann ein, einen Gefangenen, den ich sofort als alten Freund und Nachbar erkannte und das Erkennen war gegenseitig, denn obgleich wir beide

Gefangene waren, so war doch keiner von uns beiden blind. Außerdem wurde ich weniger eifrig bewacht als früher, und wenn mein Herr abwesend war, was oft vorkam, hatten wir genug-Gelegenheit zur Zusammenkunft und Besprechung.

Auch war ein junges Mädchen da von fünfzehn Jahren, eine halbblütige und wahrhafte Schönheit, deren Lebensgeschichte ebenso interessant als ihr Anblick war.

Sie war Abkömmling des Unglücks und ihr Vater ertrunken, indem er beim Fischen auf einem der oberen Seen durch das Eis brach. Ihre Mutter, eine Canadierin, ebenso mutig und dreist, als ein Mann, war ihm zur Hülfe geeilt, doch nicht zeitig genug um ihn zu retten, obgleich es ihr gelang den Körper wieder zu erlangen. Sie starb aus Gram und Entsetzen, und ihr neugeborenes Kind verblieb unter der Pflege der Schwester des Ehemannes.

Die abergläubischen Indianer halten die Seele eines Ertrunkenen für verflucht, und diesem Glauben gemäß darf er nicht die glücklichen Jagdgründe der Unsterblichen betreten. Im Gegenteil glaubt man, daß sein Geist auf dem See oder Flusse umgehe, wo er sein Leben verlor. Sein Körper wird auf einer Insel verscharrt, welche die Indianer niemals passieren, ohne einen kleinen Teil Nahrung, Munition, Taback für seinen vermeintlichen Bedarf zurückzulassen. Seine Kinder sind besonders unglücklich, und nur wenige verbinden sich willig mit den Frauen der Familie, in der Furcht, daß ein Teil von des Vaters Fluch sie treffen könnte.

„Diese arme Weise hielt sich gewöhnlich von den Uebrigen entfernt, schloß sich nie dem Vergnügen ihrer Altersgefährten an und schien so gänzlich verlassen und einsam zu sein, daß sich mein Herz ihr unwillkürlich zuwandte und zwischen uns eine herzliche Sympatie und Zuneigung bestand. Ihre Züge waren fein und regelmäßig, ihr Gesicht oval, und ihre großen, dunklen, lieblichen Augen voll Zärtlichkeit und Verstand, obgleich funkelnd und scheu wie die eines Rehes. Ihre Gesichtsfarbe war ein helles Braun, die Lippen und Wangen prachtvoll rot, während ihre Zähne in blendender Weiße erglänzten. Ihre Figur war klein, ihre Glieder voll und schön gerundet, Hände und Füße zart und Alles so graziös und elastisch. In Allem war sie ein herrliches Kind der Natur und ihr Name bedeutete in der indianischen Sprache so viel als „gefrorenes Wasser."

Wir besuchten uns oft gegenseitig und schließlich schlug sie ihre Wohnung gänzlich in der Hütte meines Herrn auf. Ich vertraute ihr das Geheimnis meiner Absicht, zu entfliehen, an und obgleich sie bei dem Gedanken des Scheidens bitter weinte, versuchte sie es doch nicht, mir dies abzuraten. Sie versprach sogar, uns alle in ihrer Macht stehende Hülfe zu verleihen, denn es war bereits abgemacht, daß der vorher erwähnte junge Mann, Namens Hiram Johnson, mich begleiten sollte.

Er war ein tapferer, kräftiger junger Mann, vollständig bekannt mit dem Charakter der Indianer und an das Leben in der Wildnis, sowie an Jagdabenteuer gewöhnt. Er hatte längere Zeit am oberen Missauri unter den Stämmen der Schwarzfüßler und Kassinabier gelebt. Da er wußte, daß ungeachtet der zahlreichen Verträge zwischen diesen Stämmen und der Federal-Regierung eine Feindschaft vorherrschte, wodurch die Gefahr des Reisens in diesen Regionen bedeutend vermehrt wurde, so riet er dazu, daß wir eine südöstliche Richtung einschlagen sollten, um womöglich die Ansiedlungen der Weißen am Minnesota Flusse zu erreichen. —

Es war im Beginn des Frühjahrs, als das ganze Indianerdorf in die größte Bestürzung versetzt wurde. Ein Vorläufer der Sioux-Nation war mit der Nachricht angelangt, daß ein Detachement Truppen der Vereinigten-Staaten auf dem Wege war, um alle Stämme, die bei dem kürzlichen Ausbruch beteiligt waren, zu bestrafen und die Auslieferung aller Gefangenen, sogar ohne Lösegeld, zu verlangen.

Es ist vielleicht nicht am Platze, wenn man sagte, daß die Indianer Feiglinge sind, dennoch aber fürchteten sie eine feindliche Demonstration regulärer Truppen mehr als alles andere. Es ward sofort Rat gehalten, wobei Männer, Weiber und Kinder schreiend und heulend umher rannten. Mehrere rieten dazu, die Gefangenen zu töten und alle Mitbeteiligung an den Gewaltthaten zu leugnen; andere erklärten, daß dies nicht ratsam sei. Man schlug dann vor, daß das ganze Dorf buchstäblich auf die Wanderschaft gehen und sich nach einem andern Ort entfernen sollte.

Mit unaussprechlichem Kummer vernahm ich diese Bestimmung und beschloß sogleich, wenn möglich, zu entfliehen. Ehe ich sie auf ihrer Weiterreise begleitet hätte, würde ich lieber den Tod vorgezogen haben.

Ich wußte instinktmäßig, daß furchtbare Schwierigkeiten zu besiegen waren, um durch die wilden und unerforschten Gegenden zu gelangen, welche von Flüssen, Seen und Wäldern durchzogen, anfangs mit Schnee bedeckt und bei Eintritt des warmen Wetters so überschwemmt und versumpft waren, daß eine Fußreise unendliche Beschwerden verursachte. Dies war aber nicht alles: die Gier, Sorglosigkeit und Faulheit der Männer verursachten den Frauen um so größere Beschwerden. Wenn etwa, sei es beim Fischen oder Jagen, ungewöhnlich große Vorräte erbeutet wurden, so verschlangen sie Alles auf einmal, anstatt, daß sie es mäßig genossen und einen Vorrat für künftige, notwendige Fälle zurücklegten. Die Wilden, nachdem sie sich wie eine Schlange vollgestopft, wälzten sich zusammen und verblieben in diesem Zustande der Erschlaffung bis sie durch neuen Hunger wieder zur Thätigkeit angereizt wurden.

Ich für meinen Teil hatte beständig unter dem Mangel gesunder Nahrung zu dulden, da sich die Männer stets den besten Teil anmaßten, und die Knochen und Abfälle den Frauen überließen. Mitunter war es sogar unmöglich, Feuer anzumachen infolge der Nässe von dem schmelzenden

Schnee, wovon das Beseureis durchbrungen war. Gewöhnlich war Völlerei oder Hungersnot vorhanden und oft waren wir ein, zwei, ja selbst drei Tage ohne Nahrung. Bei solchem Mangel untersuchten die Indianer ihre Garderobe mit dem größten Eifer, um zu bestimmen, welchen Teil sie am leichtesten entbehren konnten, und dann mußten vielleicht ein halb verfaultes Rehfell, oder ein paar alte Mocaffins aufgeopfert werden, um ihren Hunger zu stillen.

Da ich an solch delikaten Mahlzeiten nicht teilnehmen konnte, noch mochte, so waren meine Leiden nicht so schrecklich, als die ihrigen. Niemand kann sich die Qualen des Hungers vorstellen, der sie nicht empfunden, und bei einem Wanderleben, wie sie es jetzt beabsichtigten, wurden die Strapazen noch durch die Ungewißheit über die Dauer derselben erhöht, durch die Arbeit und Lasten denen man sich zu diesem Zweck zu unterziehen hat, so wie durch die Hindernisse, welche nur zu oft unsere best angelegten Pläne und Anstrengungen zerstörten. Durch diese traurige Erfahrung fand ich, daß Hunger nicht allein den Körper schwächt, sondern auch den Geist lähmt, trotz aller Anstrengungen, dies zu verhindern. Oftmals verlor mein Magen seine Verdauungskraft in solchem Grade, daß er seine Pflicht nur unter Schmerz und Anstrengung wieder erfüllen konnte. Mehr als einmal war ich vor Hunger so erschöpft, daß, wenn die Vorsehung mir irgend etwas in den Weg warf, mein Magen nur den kleinsten Teil davon vertragen konnte, ohne den schrecklichsten Schmerz zu empfinden.

Da die Hütten der Indianer, wie ihre Kanoes, von Häuten gemacht und sehr leicht und tragbar sind, so war der Auszug eines ganzen Dorfes in dieser Beziehung kein so großes Unternehmen. Diese Wohnstätten waren einander so gleich, daß die Beschreibung einer einzelnen für alle gilt. Die meines Herrn waren oval, ungefähr fünfzehn Fuß lang, zehn Fuß breit in der Mitte, und acht Fuß an jedem Ende. Die Hütte war ein paar Zoll eingegraben, die Hälfte des Fußbodens mit Häuten bedeckt, welche als Sitze und Betten für die Familie dienten. In der Mitte der anderen Hälfte war ein Raum von vier Fuß Breite ausgehöhlt. Dies war der einzige Platz wo ein ausgewachsener Mann aufrecht stehen konnte. Die eine Seite bildete der Herd. Die Thür an dem einen Ende des Hauses war ungefähr drei Fuß hoch und zwei Fuß breit, und bestand einzig aus einem Vorhang von Häuten, welcher zu dem dreifachen Zweck eines Fensters, eines Rauchfanges und einer Thür diente.

Die Hülle, das Aeußere der Hütte, war auf Stangen ausgespannt, und deren untere Enden in der Erde befestigt, während die oberen Häute an einem bogenartig gekrümmten Stock geschnürt wurden. Wenn die Häuser abgenommen wurden, entfernte man die Hülle. Die Stangen wurden aus der Erde gezogen und alles fest zusammen geschnürt. Mitunter waren Schlitten bereit, worauf das Ganze aufgetürmt wurde, mit Töpfen, Kesseln, Pfannen, Kanoes und denjenigen Mund-, Pulver- und Tabaks-Vorräten, die sie zufällig an der Hand hatten.

Zu anderen Zeiten mußte das ganze Gepäck von den Weibern, Mädchen und Hunden, unter denen es dann gleichmäßig verteilt wurde, auf dem Rücken getragen werden. Da ich wohl wußte, daß ich meines Herrn Zelt mit dem ganzen Inhalt und Küchengerät, welches es enthielt, zu tragen hatte, oder den Schlitten ziehen mußte, so beschloß ich, noch in derselben Nacht zu entfliehen, obgleich ich wirklich halb verhungert und beinahe nackt war. Ich hatte noch nicht gelernt, die in dieser Jahreszeit von den Indianern gebrauchten Hirschfelle zuzubereiten, und selbst wenn dies der Fall, so war es noch zweifelhaft, ob mein Herr mir die Häute gegeben haben würde, da er jetzt schon erzürnt war, daß ich es standhaft verweigert hatte, seine Frau zu werden; manchmal schien es mir sogar, als ob er darin eine Freude fand, mich aller Beschwerden und Beschimpfungen zu unterwerfen. Die einzige Kleidung, die er mir gestattete, bestand in seinen alten abgetragenen Sachen und einer Decke, die seinem Hunde so lange zum Lager gedient hatte, bis derselbe krank geworden und gestorben war.

Während meines Aufenthaltes unter den Indianern hatte ich zufällig eine kleine Oeffnung an der Seite eines Hügels entdeckt, welche ungefähr eine Meile von dem Dorfe entfernt, sich an dem Ufer des Sees entlang erstreckte. Diese Oeffnung hatte ich sofort betreten und auf Händen und Füßen weiterkriechend, fand ich, daß sie sich zu einem Raume von bedeutender Ausdehnung vergrößerte. Ich war überzeugt, daß die Indianer ihr Vorhandensein nicht kannten, da ich sie nie davon sprechen hörte, deshalb kam ich auf den Gedanken, mich hier ein paar Tage zu verbergen, bis die Hitze der Verfolgung nachgelassen haben würde.

Johnson war hiermit jedoch nicht einverstanden. „Wir würden hier gewiß aufgefunden und wieder gefangen werden," sagte er, „und in diesem Falle unsere Leiden noch um vieles vergrößern."

Ich konnte nicht begreifen, wie das in Bezug auf mich der Fall sein könnte, und sagte ihm, daß mein Entschluß fest stehe, diese Nacht noch zu entfliehen.

Glücklicher Weise brachte mein Herr während des Nachmittags einen Hirsch mit, und da ich ihn zuzubereiten hatte, trug ich Sorge, mir ein großes Stück davon anzueignen. Ich nahm außerdem Speere, Pfeilspitzen, Fischangeln, ein Messer, ein Beil, einen Apparat zum Feueranmachen und mehreres Andere, von dem ich glaubte, daß es mir auf meiner langen Reise nützlich sein könnte.

Am Beginn des Nachmittags trat ein Südwind ein, welchen die Indianer als einen Vorläufer des Thauwetters erklärten, und dies war es gerade, was sie fürchteten, da das Thauen ihren Wanderplänen hinderlich war. Zu gleicher Zeit kam ein Bote von dem Sioux-Stamme mit der Nachricht, daß mehrere Häuptlinge und Anführer, welche bei der Abschlachtung der Weißen die Rädelsführer gewesen, gefangen genommen, vor ein Kriegsgericht und Civilgericht gestellt und zum Tode durch den Strang verurteilt worden waren. Er behauptete außerdem, daß die Regierungsbehörden alle Anstrengungen machten, um diejenigen, welche bei diesen Verbrechen betheiligt waren, zu ermitteln und einzufangen.

Diese Nachrichten versetzten sie auf's Neue in Erregung, und obgleich es furchtbar regnete und alles durchnäßt war, wurden die Vorbereitungen mit der größten Schnelligkeit getroffen. Sie hatten vorsichtiger Weise eine kleine Partie vorausgeschickt, um den Weg zu bahnen und zu ermitteln, ob sich auf ihrem beabsichtigten Wege keine Gefahren und Hindernisse befanden. Sie fürchteten natürlich die weißen Männer, denn ihr ganzes Gespräch bezog sich auf deren Macht und Grausamkeiten. Ich hörte wie Einige vorschlugen, eine Deputation an die Weißen abzusenden und deren Nachsicht und Frieden zu erflehen. Wenige Minuten herrschte tiefe Stille, als ein alter achtzigjähriger Häuptling seine Stimme mißbilligend erhob und ungefähr Folgendes sagte:

„Ich bin für den Krieg, Krieg bis zum Messer! Meine Flinte trifft gut, mein Tomahawk ist scharf! Ich habe Viele in meinen jüngeren Tagen skalpiert; ich kann noch mehr skalpieren! Weiße Männer sind große Lügner! Weiße Männer schießen Indianer ebenso wie Hirsche! Weiße Männer sehen Frau und schießen sie gleich nieder! Schießen Kinder ebenso wie Hasen! Ich bin nicht wie weißer Mann, weißer Mann nicht wie ich!"

Als er geendet, beklagte sich ein anderer Häuptling:

„Einst hatte ich einen Sohn," sprach er, „der ein braver Anführer war und so gut gegen seinen alten Vater und Mutter war, daß er Wild für sie jagte zur Speise; eines

Tages war er auf der Hirschjagd und die Flinte des weißen Mannes tötete ihn; die Nacht kam, er kehrte nicht zurück, seine Mutter konnte nicht schlafen und ging deshalb, ihren Sohn zu suchen. Sie folgte seiner Spur nach langem Weg durch dickes Gebüsch — als der Tag anbrach, waren Mutter und Sohn dahin und der Häuptling blieb allein; er ging um Frau und Kind zu suchen, er fand sie beide tot.

Die Kugel des weißen Mannes hatte ihre Brust durchbohrt, des weißen Mannes Messer hatte ihre Köpfe skalpiert. Fordert deshalb nicht von mir, daß ich Frieden mit den Weißen mache."

3.

Es war beinahe Mitternacht vorüber, als sich der Zug in Marschbereitschaft setzte. Die Nacht war sehr dunkel und da ein starker Regen fiel, so konnten wir die Fackeln nicht brauchen. Es war völlig unmöglich, irgend etwas zu sehen, dagegen war das Geräusch der fremdartigen Töne, das Geheul, Geschrei, Kindergequarr und Hundegebell völlig betäubend. In ihre Pelze und Decken gehüllt und den größten Ernst und Gelassenheit bewahrend, schritten die Männer voran und die Weiber und Kinder mit dem Gepäck bildeten den Nachtrab. Meine Freundin, die Waise, hatte sich erboten meinen Schlitten zu ziehen und ich wußte, daß man mich in der Dunkelheit unmöglich vermissen werde.

Dennoch blieb ich nicht ohne schlimme Ahnungen zurück und ließ die Gesellschaft voran, die mich jetzt im Walde zurückließ.

In meinem Eifer, zu entfliehen, hatte ich kaum auf die tausend Gefahren gerechnet, welche mich umgeben würden, wenn ich erst auf mich allein angewiesen war. Jetzt jedoch bewältigte mich beinahe die Ueberzeugung davon — dies dauerte aber nur einen Augenblick. Ich empfand, daß ich in den Händen eines allmächtigen

Beschützers sei, der selbst die hungrigsten Raben speist, und deshalb verließ ich mich auf ihn und zweifelte nicht, daß er mich sicher zu meinen Freunden zurück bringen werde.

Von meinem Mitgefangenen Johnson wußte ich Nichts. Zwei Tage waren vergangen seit ich ihn gesehen hatte. Ich konnte nicht vor dem Morgen und vielleicht dann noch nicht vermißt werden, dennoch war ich sicher, daß er, sobald er meine Abwesenheit entdeckte, mich in der Höhle suchen würde. Dort beschloß ich mehrere Tage zu bleiben. Aber die erste Schwierigkeit war, dahin zu gelangen und in der Dunkelheit war ich meines Weges nicht gewiß.

Das Erste, was auf meiner einsamen Wanderung in den Weg kam, war ein großer Baumstamm. Ich erinnerte mich, ihn zuvor gesehen zu haben und wußte, daß er hohl war. Hier schlug ich wenigstens für die Nacht ein Obdach gegen den Sturm auf. Ich kroch hinein und ungeachtet meiner Aufregung und Angst schlief ich bald ein.

Als ich nun am nächsten Morgen erwachte, schien die Sonne, und da das Wetter sich auch gemildert hatte, war es wirklich angenehm. Ich empfand, daß die größte Vorsicht notwendig war, da immer Nachzügler zurück= blieben, um die Bruchstücke zusammen zu suchen, die entweder verloren oder vergessen waren. Bei diesem Ausmarsch schien jedoch die Furcht vor der weißen Männern ihnen allen den Wunsch zum Zurückbleiben genommen zu haben. Ehe ich hinaus sah, lauschte ich aufmerksam; kein Ton war zu hören, als die Stimme der Natur, das tiefe Gemurmel der Wälder, das entfernte Toben des Wasserfalles und das Zirpen einiger Frühlingsvögel.

Ermutigt durch die Stille, wagte ich meinen Versteck zu verlassen und bewegte mich mit zitternden Schritten der Höhle zu, indem ich sorgfältig um mich her blickte und erschrak, als der Wind in den Bäumen rauschte, welches ich irrtümlich für das Geflüster von Menschen hielt.

Der Schnee war ganz verschwunden und eine Menge kleiner Bäche, welche in den See mündeten, rauschte schnell dahin. Da ich wußte, daß die Indianer im Auffinden einer Spur gewandt sind, betrat ich sofort das Wasser und ging eine lange Strecke darin entlang, bis ich zuletzt in der Nähe des Eingangs der Höhle herauskam; denn, nachdem ich einen langen Umweg durch das Gehölz genommen, um mich zu überzeugen, daß ich nicht beobachtet werde, schlich ich mich vorsichtig hinein.

Alles war vollständig dunkel und die kalte Luft schüttelte mich wie ein Fieberfrost. Ich hatte alle Materialien zum Feuermachen, fürchtete aber, sie zu benutzen, weil der Rauch vielleicht meine Feinde herbeiführen konnte. Ich tastete um mich her und fand einen kleinen Vorrat von Mundvorräten, den ich mir förmlich abgehungert hatte, in der Voraussicht, daß ich ihn jetzt brauchen werde.

Ich aß davon sparsam, da ich soviel als möglich für spätere Fälle zurückbehalten wollte. Ich blieb in der Höhle den ganzen Tag und die Nacht, ohne irgend

Jemand zu sehen, und Oh! wie ward mir die Zeit so lang. Ich konnte nicht schlafen, hatte nichts zu lesen oder sonst zur Unterhaltung und meine Gedanken waren nicht die angenehmsten; dennoch aber war ich auf dem Wege zur Heimat und Freiheit. Ich konnte nicht ruhig auf dem Platze bleiben, wo ich war und beschloß, wenn sich mir kein Hindernis entgegen stellte, meine Reise mit oder ohne Gesellschaft Johnsons am nächsten Morgen fortzusetzen.

Als der Morgen kam, war mein Entschluß unerschüttert und die freundlichen Sonnenstrahlen, die mir ins Gesicht blinkten, belebten meinen Mut. Ich suchte meine Vorräte zusammen, mit allem was ich in einem Bündel mitzunehmen beabsichtigte und trat dann in die frische Luft.

Hier stand ich mehrere Minuten lauschend, aber kein Ton traf mein Ohr, ausgenommen das Säuseln des Windes zwischen den Bäumen.

Ich ging um das Ufer des Sees, ohne Jemanden zu erblicken und Alles sah so aus, wie ich es zuletzt gesehen hatte. Es war augenscheinlich Niemand dort gewesen, deshalb hielt ich an und indem ich nach der Sonne blickte, berechnete ich im Geiste den Weg, welchen einschlagen mußte, um die nächste Niederlassung der Weißen zu erreichen. Nochmals schaute ich ringsum, um mich zu überzeugen ob mir Niemand folge und diesmal sah ich — der Himmel steh mir bei — einen Indianer, den ich sofort als meinen Herrn erkannte. Ich konnte weder schreien, noch ohnmächtig werden, sondern stand wie versteinert vor Schrecken und Entsetzen. Er kehrte mir den Rücken zu und hatte mich offenbar noch nicht entdeckt; doch wie lange konnte dies währen? Das geringste Geräusch meinerseits würde seine Aufmerksamkeit erregt haben, selbst, wenn es nicht lauter gewesen wäre, als das Rauschen der Blätter und das Brechen eines Zweiges. Dort zu bleiben, wo ich war, würde meine Entdeckung bestimmt bewirkt haben, ebenso wäre es mit dem Versuch, mich zu verbergen, gewesen. Was sollte ich thun?

Während ich so unschlüssig und erschreckt dastand, tönte ein Flintenschuß durch den Wald und der Indianer stürzte nieder. Eine Kugel war ihm in den Kopf gedrungen. Ohne zu untersuchen ob Freund, ob Feind in der Nähe sei, wandte ich mich um und entfloh. Die Angst lieh meinen Schritten Flügel und ich wagte nicht einmal mich umzuschauen, obgleich mir eine Stimme zurief zu halten und ich hastige Schritte hörte, die mich verfolgten.

Ehe ich die Höhle erreichen konnte, ging mir der Atem aus und ich lehnte mich gegen einen Baum, um mich zu halten. Der Mann kam heran und sah mich mit einem Ausdruck starker Neugier und Ueberraschung an. Er sprach freundlich zu mir, versicherte mich, daß ich von ihm nichts zu fürchten hätte und frug, ob ich den Indianern entflohen sei. Ich war von dem Allen

3*

so sehr erschreckt, daß ich nicht sprechen konnte, als er seine Fragen und Beteuerungen wiederholte.

„Ihr habt Nichts von mir zu fürchten," sagte er aufs Neue, „und wenn ich Euch irgend etwas helfen kann, wird es mir große Freude machen. Hat dieser Teufel hier auch Euch gesucht?" fuhr er fort. „Laßt mich bloß sein Haar mitnehmen, d. h., wenn Ihr nichts gegen meine Gesellschaft einzuwenden habt."

Während er nach dem Platze zurück ging, wo der tote Indianer lag, riß er dessen Kopfhaut ab, ehe ich es hindern konnte, machte den Bogen zurecht und befestigte die Haut daran, ebenso wie es die Indianer zu thun pflegen. Ich schloß darüber meine Augen mit einem Gefühl von Ekel und Entsetzen.

„Ebenso würde er es mit mir gemacht haben, hätte er Gelegenheit dazu gehabt," bemerkte er als eine Art Entschuldigung; „doch denke ich, je eher wir diesen Platz verlassen, um so besser wird es für uns sein. Hierher, Madam!" Mit diesen Worten schlug er den Weg in den Wald ein.

Wir gingen eine Weile in finsterem Schweigen nebeneinander, und ich hatte vollständig Gelegenheit die Züge und Manieren meines Beschützers zu beobachten. Er war mit einem Jagdanzug bekleidet, welcher seiner atletischen Form gut paßte. Er hatte eine römische Nase mit feinen intelligenten Zügen, und sein dichtes schwarzes Haar war von seiner hohen und breiten Stirn hinweggekämmt. Er hielt plötzlich an, und sich zu mir wendend sprach er, indem er sein Antlitz voll gegen mich wandte:

„Wohin wünscht Ihr zu gehen, junge Frau?"

„Irgend wohin, wo weiße Menschen sind," antwortete ich, „meine Mutter, meine Schwester und meine Brüder sind erschlagen; ich bin gänzlich ohne Verwandte, aber ich hoffe, daß ich Freunde finden werde, sobald mein unglückliches Schicksal bekannt wird."

„Gewiß wird dies der Fall sein," antwortete der Mann, „aber jetzt bleibt einen Augenblick hier," fuhr er fort, „hinter dem Schatten des Felsens, bis ich zurückkehre."

„Wozu?" frug ich unwillkürlich.

„Um diese Rothaut zu plündern.

Um ihn zu begraben?"

„Nein, gewiß nicht; die Wölfe mögen seine Knochen abnagen, ich frage nichts darnach, aber er hat seine Flinte und sein Beil, was Ihr gerade braucht."

Dabei neigte er sich und sagte, sein Name sei Webb und er habe sich aus der Gefangenschaft der Indianer befreit.

Ich dankte ihm für die Aufmerksamkeit, die er mir erwies, verbarg mich hinter dem Felsen und wartete geduldig auf seine Rückkehr. In sehr kurzer Zeit kam er wieder und brachte die Waffen und Munition des gefallenen Kriegers. Diese gab er mir, indem er mir riet, guten Mutes zu sein und dieselben, wenn nötig, zu meiner Sicherheit zu gebrauchen.

In diesem Klima dauert das Tauen mehrere Tage,

worauf sich dann eine um so größere Kälte einstellt. Der nächste Morgen liefert uns ein Beispiel hiervon. Es begann zu schneien und der erst leise Wind gestaltete sich zu einem Orkan. In Folge des Schneetreibens konnten wir nur ein paar Schritt vor uns sehen, während der Sturm uns beinahe umriß. Der Schnee lag bald so tief, daß das Gehen ebenso mühsam als schmerzlich wurde. Webb schlug vor, daß wir unter dem Schutze eines kleinen Gehölzes unsere Lager aufschlügen; ich hatte nichts dagegen, und während wir unsere Vorbereitungen trafen, erschien plötzlich eine Indianerin.

Wir bereiteten uns gleich zum Angriff vor, sie gab uns jedoch durch Zeichen zu verstehen, daß sie ganz allein und uns freundlich gesinnt sei.

Webb, der teilweise ihre Sprache verstand, versicherte mich, daß ich nichts zu fürchten hätte, und als sie uns ihre Gastfreundschaft anbot, nahmen wir sie freudig an. Wir folgten ihr nach einem wilden Teile des Ortes, entfernt von irgend einer menschlichen Wohnung, wo eine kleine Hütte stand, in welcher sie viele Monate ganz allein gewohnt hatte. Sie erzählte mit rührender Einfalt die Umstände, welche sie genötigt hatten, in dieser Einsamkeit zu leben. Sie sagte, daß sie zu dem Mohahoe-Indianern gehöre und während eines Ueberfalles der Sioux, 1861 gefangen genommen wurde. Die Wilden, wie ihre Gewohnheit ist, schlichen sich bei Nacht nach den Zelten und mordeten vor ihrem Angesicht ihre ganze Familie, Vater, Mutter, Brüder, Schwestern und Gatten, während sie und ein junges Mädchen verschont blieben, aber in Gefangenschaft gerieten. Ihr einziges, nur ein paar Monate altes Kind verbarg sie in ihren Kleidern, aber als sie den Platz erreichte wo die Frauen waren, wurde es entdeckt und augenblicklich getötet.

Diese neue Grausamkeit hatte sie beinahe um ihren Verstand gebracht und sie schwur einen heiligen Eid, bei der ersten Gelegenheit zu entfliehen und zu ihrem Stamme zurückzukehren; aber die große Entfernung und die unzähligen Bäche und Flüsse, die sie zu passieren hatte ließen sie ihren Weg verlieren, und da der Winter herankam, baute sie eine Hütte in der sie ruhig und zufrieden lebte.

Zu dieser Zeit war sie das schönste Indianerweib, welches ich je gesehen, gesund und wohlgenährt. Ihre Hütte war bequem und sie besaß Schneeschuhe, sowie andere nützliche Gegenstände, welche sie alle durch eigene Geschicklichkeit anfertigte. Zu ihrer Nahrung fing sie Hasen, Rebhühner und Eichhörnchen in Schlingen und hatte bereits mehrere Hirsche und Biber getötet. Aus den Sehnen der Beine drehte sie mit großer Gewandtheit Fäden, welche sie benützte, um damit ihre Kleider zu nähen und Schlingen herzustellen. Diese Kleidung war aus zusammengenähten Hasenfellen gebildet, deren Material, so roh es war, sie dennoch geschmackvoll verwendet hatte, so daß ihr Gewand hübsch, wenn auch etwas eigentümlich war.

Kaum hatten wir ihre Wohnung erreicht, so bereitete

sie uns Speisen, und obgleich ihre Kochkunst von der rohesten Art war, so war die Nahrung doch schmackhaft und kräftig. Unsere liebenswürdige Wirtin gefiel uns so gut, daß Webb vorschlug, bis zu Anfang des Frühlings hier zu bleiben. Das Schicksal hatte es jedoch anders beschlossen.

Am dritten Tage nach unserer Ankunft ging sie, wie gewöhnlich aus, um nach ihren Schlingen zu sehen. Doch beinahe augenblicklich kehrte sie mit zitternden Gliedern und vom Schreck gebleichten Angesicht zurück. Ein Trupp ihrer alten Feinde, der Sioux, lagerten keine halbe Meile entfernt. Sie glaubte nicht, daß sie bereits entdeckt worden sei, wie bald dies der Fall sein könnte, wußte sie nicht.

Sie hielt es aber für unsicher, in der Nachbarschaft zu bleiben und schlug sofortige Abreise vor. Ich lud sie ein mit uns zu gehen. Webb bestand ebenfalls darauf und sie willigte schließlich ein. Ich betrachtete sie wirklich als eine große Hülfe und fühlte mich in ihrer Gesellschaft viel sicherer. Sie besaß einen selbstgebauten Schlitten, worauf ihr Eigentum neben dem meinigen gepackt wurde. Da derselbe leicht war, so hinderte er beim Marsch nicht im geringsten, indem sie zugleich die Schneeschuhe mit der Leichtigkeit und Geschicklichkeit eines Mannes zu benutzen wußte. Obgleich sie nicht ein Wort sprach, so erkannte ich doch ihre Absicht. Sie glaubte, daß unsere Sicherheit nicht in einer schnellen Flucht bestand, sondern darin, daß wir einen Strom oder

Fluß erreichten, welchen wir in einem Boot übersetzten, und dadurch unsere Fährte hinter uns abbrachen.

Selbst Webb konnte nicht schritt mit ihr halten, und ich versuchte es nicht einmal. Wenn sie zurückblickend uns nicht mehr sah, setzte sie sich an einen Baum und erwartete uns, bis wir herankamen.

Auf diese Weise reisten wir zwei Tage, wobei wir des Nachts unter einem Obdach zubrachten, welches die Indianerin bereitete, indem sie ihren Schlitten aufwärts stellte und mit Baumästen stützte. Am dritten Tage, gegen Abend, fanden wir uns in einem wilden Thale, welches keiner von meinen Begleitern je zuvor gesehen hatte. Die Indianerin, welche wie gewöhnlich vorausging, hielt plötzlich still, und ihre Züge nahmen den Ausdruck des Schreckens an.

Webb kam bald auf sie zu und erfuhr von ihr, daß sie hinter uns Aeste brechen gehört habe, und daß sie sicher sei, es wären Indianer in der Nähe.

Webb als erfahrener Jäger und durch Gewohnheit gegen die Gefahren der Wildnis abgestumpft, machte sich tüchtig über sie lustig. Die Frau deren indianischer Name „Sonnenauge" war, war jedoch nicht so leicht beruhigt; sie erklärte, daß, wohin sie sich auch wende, dieselbe beängstigenden Töne sie erschrecken. Da Webb ihren Befürchtungen die größte Gleichgültigkeit entgegensetzte, so beschloß sie, nach eigenem Gutdünken zu handeln. Sie mäßigte ihre Schritte, bis ich herankam, und winkte mir, mich in einem nahe befindlichen Dickicht von Zwergzedern zu verbergen. In demselben Augenblick sprang sie bei Seite und verschwand in den Spalten einer tiefen Schlucht.

Kaum war dies geschehen, so erblickte ich zu meinem unaussprechlichen Schrecken wie zwei Wilde die Zweige eines Heidelbeeren = Gebüsches auseinanderbogen und vorsichtig nach der Richtung blickten, die Webb und ich genommen hatten. Obgleich ich mich niemals mit Feuer=, waffen geübt, erhob ich meine Flinte und der Schuß ging los.

Es war eine tolle Handlung und ich bereute sogleich meine Unbesonnenheit; beide Wilde sprangen mit aufgehobenen Beilen auf mich zu, aber Sonnenauge gewahrte dies, erhob ihre Flinte und feuerte, während ich in das Gebüsch flüchtete.

Einer der Indianer fiel schwer verwundet und der andere lief hinter sie her. Webb jedoch, der das Schießen gehört hatte, kam zurück und jagte dem Indianer eine Kugel durch's Herz. Auf diese Weise wurden wir glücklich von der Gefahr befreit, aber dennoch fühlten wir uns nicht sicher. In jedem Schatten fürchteten wir einen Feind oder einen lauernden Verfolger. Der gewöhnlichste Ton, das Geschrei des Panthers, das Geheul eines Wolfes oder das Aechzen einer Eule schienen uns Gefahr verheißend; dennoch drangen wir, dabei das Beste hoffend, vorwärts.

4.

Am nächsten Tage kamen wir in eine Gegend, welche überall Zeichen von Gewaltthaten der Indianer trug. Verlassen und niedergebrannte Hütten, veröbete Plantagen, die Schweine und das Federvieh wild umherlaufend, und das einst durch Leben und Fleiß blühende Land gänzlich verwüstet. Spuren am Ufer eines kleinen Flusses zeigten, daß hier ein heftiger Kampf stattgefunden habe. Während wir uns hier einen Augenblick aufhielten, bemerkten wir, daß ein Dickicht von niedrigem Gesträuch sich bewegte und im nächsten Moment sah ein weißer Mann ängstlich daraus hervor.

Webb schritt auf ihn zu, während er näher kroch und seine Glieder mühsam nachschleppte. Er sagte, daß er in dem hier stattgefundenen Kampfe schwer verwundet worden sei. Er erzählte, wie die Ansiedler von dem geplanten Ueberfall gehört haben, zusammen gekommen waren um gemeinsam diese Räuber abzuweisen. Aber sie hatten der großen Uebermacht der Wilden nicht Stand halten können. Die Weißen mußten fliehen und wurden zu Gefangnen gemacht; einige entflohen auf ihren Pferden, andere zu Fuß und in wenigen Stunden war die schreckliche Nachricht über die ganze Gegend verbreitet,

„Und wie seid Ihr entkommen?" frug Webb, als der Verwundete seine Erzählung beendigt.

„Das kann ich selbst kaum sagen," antwortete er, „aber in dem Getümmel gelang es mir, zu entkommen, doch wäre es besser für Euch, wenn ihr Euch nicht länger, als dringend notwendig ist, hier aufhaltet," fuhr er fort, indem er sich vorsichtig umblickte, „da man nicht wissen kann, wessen Auge uns hier beobachtet."

„Und was wird aus Euch werden?" frug Webb, den Verstümmelten betrachtend. „Man sieht ja, daß ihr nicht im Stande seid, zu gehen."

„Gehen, nein, das werde ich nie wieder können; ich werde bleiben, wo ich bin und an meinen Wunden sterben, wenn die Zeit kommt; ich frage nichts darnach. Die Indianer haben mir Weib und Kind getötet; ich bin allein in der Welt."

„Aber wir können Euch hier nicht dem Tode überlassen," sprach ich „das würde nicht besser als ein Mord sein."

„Weißer Mann gehen!" sprach Sonnenauge auf ihren Schlitten zeigend.

„Ja, Ihr müßt diesen Schlitten besteigen und uns folgen," rief ich aus; „keine Weigerung, kein Zögern, wir wollen nichts davon hören."

„Um mich von Weibern ziehen zu lassen," rief der Pflanzer aus, „niemals!"

„Ehe Ihr hier umkommen sollt, will ich Euch selbst ziehen!" sprach Webb.

„O, bann ist's gut, aber Weiber sind Weiber und ich könnte den Gedanken nicht ertragen, ihre Kräfte anzustrengen."

Es bedurfte unserer vereinten Anstrengungen, um ihn auf den Schlitten zu heben. Seine Wunden schienen bei näherer Prüfung zu heilen, doch, wenn er nicht so abgehärtet und seine Constitution nicht so kräftig und gesund gewesen wäre, würde er schon gestorben sein, ehe wir ihn auffanden.

Sonnenauge bestand darauf den Schlitten zu ziehen.

„Männer verstehen das nicht!" sagte sie.

Wir beschlossen, sie ihren Willen thun zu lassen. Außerdem beschlossen wir, daß es besser sei den Fluß hinab zu schwimmen; aber wir hatten kein Boot und obgleich Sonnenauge die Materialien besaß, und sehr leicht eins von genügender Größe und Stärke bauen konnte um über den Fluß zu fahren, so war aber ein Boot für so schwere Fracht und eine so lange Reise etwas ganz Anderes.

So weit hatten wir genug Nahrung und meine Kräfte hatten viel länger ausgehalten als ich erwartete. Wildpret war in ziemlicher Menge vorhanden und wir hatten genug geschossen um es aufbewahren zu können, wenn wir verstanden hätten, es richtig zuzubereiten. Trotzdem fühlte ich meine Kräfte allmählich schwinden; die Kälte und Entbehrung, die beständige Ermüdung, machte sich an meinem Körper bemerkbar. Einer meiner Füße war erfroren, und das Gehen verursachte mir große Schmerzen und Beschwerden. Bei dieser Gelegenheit vermehrte sich meine Erlahmung derart, daß ich immer weiter zurückblieb und meine Energie und Ausdauer mich beinahe verließen.

Die Nacht kam heran und wir sahen uns vergeblich nach einem Obdach um — nichts als eine öde schneebedeckte Wüste bot sich unseren besorgten Blicken dar. Schwach und beinahe gänzlich erschöpft, setzte ich mich an einer Schneewand nieder, meine Füße in die Fußtapfen derjenigen haltend, die voran gegangen waren. Ich überlegte ernstlich bei mir ob ich weiter gehen oder still sitzen und dort sterben sollte. Ich fühlte wie mich allmählich die Schläfrigkeit beschlich und wußte, daß der Schlaf in jener ewigen Ruhe enden würde, von welcher man nur in einer anderen Welt erwacht.

Plötzlich hörte ich meinen Namen rufen; dies erweckte mich und nachdem ich mich ermuntert, fühlte ich das Unrecht und die Thorheit der Handlung, welche ich beschlossen. Mein Leben gehörte nicht mir, daß ich es wegwerfen durfte. Ich war in Gottes Hand der zu seiner Zeit mich hinwegnehmen oder zu meinen Freunden zurückführen wird. Ich stand eilig auf und sagte im Stillen ein Gebet. Webb war auf der Fährte zurückgekommen und es war seine Stimme, die ich gehört.

Es wurde dunkel, die Kälte hatte zugenommen und ein furchtbarer Schneesturm begann zu wüten.

Nochmals rief er meinen Namen; es schien, daß er mich noch nicht entdeckt hatte und jetzt antwortete ich.

„O, da seid Ihr!" rief er aus. „Wir fürchteten, daß Ihr Euch verlaufen hättet. Könnt Ihr nicht ein wenig schneller gehen? Ich bringe gute Botschaft." „O, was ist das?"

„Wir haben ein gutes bequemes Haus dort gefunden, völlig mit Betten, Nahrung und allen nötigen Dingen eingerichtet."

„O, wie merkwürdig."

Die Bewohner müssen in ihrer Furcht vor den Indianern so schnell geflohen sein, daß sie ihre Sachen nicht mitnehmen konnten.

„Und sind die Indianer dort gewesen?"

Durchaus nicht. Aber so etwas kommt häufig vor. Ich erinnere mich, daß, als einst im Kriege mit den Black-Hawk-Indianern die Nachricht von einem Ausbruch derselben kam, die Grenzbewohner in solcher Eile entflohen, daß manche ihre Lichter brennend auf dem Tisch zurückließen, daß Abendbrot halb verzehrt auf den Tellern, und daß Brot halb gebacken im Ofen.

Das ist nicht zu verwundern, es giebt nichts schrecklicheres, als diese Indianer auf dem Kriegspfade.

Es war jetzt ganz dunkel, doch konnte ich eben ein schwaches Licht durch den Fichtenwald in einer kleinen Entfernung flanken sehen.

Webb sah es ebenfalls.

„Wie unvorsichtig!" rief er. „Sie hätten das Fenster verhängen und alle Löcher verstopfen sollen, ehe

sie Feuer machten. Das dient den Indianern meilen-
weit zum Leitfeuer."

Wir gingen so schnell es meine Erlahmung gestattete, vorwärts. Endlich sprach Webb:

„Ich hoffe, daß Ihr keine mutlosen Gedanken hattet."

Ich gab ihm keine direkte Antwort, sondern frug nur, was ihn zu dieser Frage veranlaßte.

„Oh, ich kann mir ganz gut denken, wenn Jemand den Mut verliert und verzweifelt."

„Wohlan! Es wird Euch nicht wundern, wenn ich so bin."

„O nein. Ihr sowohl, als alle Anderen von uns hattet viele ungewöhnliche Strapazen zu erdulden. Und er setzte seine Betrachtungen über unsere baldige Ankunft in der Niederlassung, sowie über die Notwendigkeit gegenseitiger Ermutigung fort. Wir sollten uns keinen eitlen Rückerinnerungen und der Mutlosigkeit überlassen, sondern die Schwierigkeiten überwinden, da es von uns selbst abhängt, ob wir zu unseren Freunden zurückkehren, oder in der Wildnis umkommen wollen."

Er sagte, daß nichts in seinem Leben den Glauben an eine Alles beherrschende Vorsehung in ihm so bestärkt hätte, als der Umstand, daß wir so rechtzeitig dieses, mit allen nötigen Bedürfnissen ausgestattete Haus antrafen

Ich empfand die Wahrheit seiner Bemerkungen und gelobte mir, künftig mehr der Fügung des Schicksals zu vertrauen.

Wir erreichten das Haus und traten ein. Sonnenauge hatte bereits ein tüchtiges Feuer angemacht, von dem Holze, welches in einer Ecke lag. O, wie angenehm kam uns dies vor, wie ungewohnt gegen Alles, was ich seit meiner Gefangenschaft erlebt hatte. Doch schmerzten mich meine Glieder, als ich dem Feuer nahe kam, so sehr, daß ich sogleich zu Bett ging, da ich sonst am Morgen des nächsten Tages schwerlich hätte weiter gehen können.

Sonnenauge bereitete das Abendessen, doch ich konnte nichts davon genießen, der Schmerz hatte sogar meinen Magen krank gemacht.

Sobald ihre Küchenarbeiten beendet waren, verließ Sonnenauge das Haus ohne ein Wort zu sagen. Sie blieb solange fort, daß wir befürchteten, es habe sie ein Unglück betroffen. Wir hörten in der Ferne das Geheul der Wölfe und in dieser Jahreszeit waren diese Tiere besonders gefährlich. War es möglich, daß sie dem Hunger derselben zur Beute geworden?

„Nein, nein!" sprach Webb. „Das hat keine Gefahr. Sie wird sich schon in Acht nehmen, fürchtet Euch nicht."

„Aber wo mag sie hingegangen sein?"

„Ich hoffe, daß sie uns nicht im Stich gelassen hat."

„Sie wird doch nicht beleidigt sein?"

„Jedenfalls haben wir ihr keine Ursache dazu gegeben."

Die Thür öffnete sich weit und die Indianerin trat

ebenso ein wie sie hinaus gegangen war so still, leise und schweigsam, daß niemand sie zu bemerken schien.

Doch ich bemerkte sie sogleich und sah, daß sie einen Arm voll Wurzeln und Kräuter trug, von welchen sie sogleich eine Abkochung zu bereiten begann.

Ich errieth ihr Vorhaben.

„Ist das für mich?" fragte ich.

Sie machte eine bejahende Geberde, denn obgleich sie meine Sprache ziemlich gut verstand, kam mir ihre doch ganz spanisch vor.

Webb und sein Begleiter saßen still bei einer Pfeife Tabak und fielen allmählich in Schlaf, während sie mit Bereitung der Medicin beschäftigt war. Als das Mittel fertig war, breitete sie es auf einem Stück ungegerbtes Hirschfell aus und band es um meine schmerzenden Glieder. Es wirkte wie ein Zauber, ich empfand augenblickliche Linderung und sank sogleich in einen erquickenden Schlaf.

5.

Wie lange Zeit ich geschlummert, kann ich nicht sagen, aber ich wurde plötzlich durch das Abfeuern eines Gewehres aufgeweckt. Der Lärm dröhnte an den Felsen entlang und erklang als Echo aus dem Thal zurück.

Wir waren augenblicklich munter und das Wort „Indianer" ertönte aus jedem Munde. Aufmerksam lauschend, vernahmen wir bald andere Töne, den näherkommenden Galopp eines Pferdes und das schreckliche Geheul von Wölfen.

„Was kann das bedeuten?" fragte ich Webb erblickend.

„Irgend ein Reisender wird in der Nacht von den Wölfen verfolgt!" rief er aus. „Sie sind rasend vor Hunger."

„O Himmel!"

„Und doch ist es so."

„Was können wir zu seiner Hülfe thun?"

„Das ist schwer zu sagen."

Die Töne kamen näher und näher. Die Wölfe heulten im vollen Chor.

„O etwas muß geschehen," rief ich ängstlich über das drohende Schicksal des Reisenden.

Webb nahm seine Flinte und ging hinaus; Sonnenauge stieß einen eigenthümlichen Laut der Verachtung aus, lief ans Feuer und kehrte in der nächsten Minute, in den Händen brennende Fackeln tragend, zurück. Wenige Fuß von der Thür befand sich ein leerer Raum, von wo der Wind den Schnee hinweggefegt hatte, der nun in kurzer Entfernung wie ein Wall angehäuft lag. Hier bückte sie sich und legte die Fackeln nieder und indem sie noch mehr Material herbei holte, hatte sie bald ein helloderndes Feuer.

„Wolf nicht herkommen!" brummte sie vor sich hin. „Wolf sich fürchten vor Feuer."

Jetzt konnte man auch den Reiter als einen Schatten in der Ferne erkennen. Er zwang augenscheinlich sein Roß mit Riemen und Peitsche zur Eile, denn dicht hinter ihm waren die Wölfe heulend, bellend und schreiend aus gierigem Blutdurst.

Immer näher und näher kam die wilde Jagd, bis der Mann sein Pferd zwischen dem Feuer und dem Hause anhielt. Wie gebannt standen die Wölfe vor dem hellflackernden Feuer, die Flintenschüsse Webbs rissen sie jedoch aus ihrer Erstarrung und heulend suchten sie das Weite.

Der Fremde stieg ab, löste dem Pferde die Zügel und entfernte den Sattel. Das arme Tier war beinahe erschöpft vor Schreck und Anstrengung, es zitterte und war schweißbedeckt, während der Schaum von seinem Gebiß tropfte.

„Wohlan, Fremdling, Ihr seid mit knapper Not entkommen!" sprach Webb herantretend.

„Ja, wahrlich!"

Es lag etwas in dieser Stimme, das mich durch und durch erschütterte. Ich hatte den Mann noch nicht gesehen, um seine Züge unterscheiden zu können, doch diese Töne weckten in mir eine ganze Welt der Erinnerung.

Ich war in das Haus zurückgekehrt um mich wieder zu legen, aber jetzt konnte mich nichts mehr halten. Ich ging nach der Thür, als ich eben hörte, wie Webb die Aufmerksamkeit des Fremden auf den Stall lenkte. Obgleich getrennt durch einen engen Hofraum, konnte ich doch ihre Stimmen und lebhafte Unterhaltung vernehmen und jeder Moment bestärkte mich in meinem ersten Eindruck.

Ich wurde ängstlich und ungeduldig. Kommen sie denn nicht herein? Wie lange bleiben sie draußen! Hätte ich mich geirrt? Sie kamen! Ich hörte ihre Tritte.

In meinem geschwächten und ermatteten Zustand hatten mich die widerstreitenden Empfindungen beinahe übermannt. Sie kamen herein.

Ich erhob meine Augen auf das Gesicht des Fremden und es war in der That derselbe, den ich am sehnsüchtigsten zu sehen wünschte,

Im nächsten Augenblick ergriff mich eine furchtbare Angst — ein Schrei, gemischt von Freude und Sorge, von Vergnügen und Furcht drang von meinen Lippen.

„Mein Bruder! mein Bruder! Aber wo ist Tom?" Hätte er mich nicht in seinen Armen aufgefangen, so würde ich zu Boden gefallen sein.

„Anna, ist es möglich! Bist Du es wirklich?" Er hielt mich von sich ab, um mich von oben bis unten zu betrachten.

„Bin ich denn wirklich so verändert?"

„Verändert! Ich würde Dich nie erkannt haben, meine arme, arme Schwester; Du mußt fürchterlich gelitten haben!"

„Alles, nur nicht den Tod."

Und wir umarmten uns aufs Neue wieder.

„Ich fürchtete, daß ich Dich nie wiedersehen würde."

„Aber wo ist Tom?"

„Frage mich nicht, Anna; ich denke nur mit Schmerz daran."

„Er ist tot!?"

„Tot!"

„Geschlachtet von den Indianern?"

„Ja, buchstäblich geschlachtet. Aber frage mich nicht nach den Einzelheiten," und er machte eine Bewegung als ob er etwas Schreckliches von sich abwehren wollte.

„Warum soll ich dich nicht fragen, da es mein geliebter Bruder war und ich so gern wüßte, wie und wo er starb?"

Er achtete nicht auf das, was ich sprach, sondern blickte auf Webb und begann mit ihm vom Wetter und von unseren Aussichten auf die Rückkehr in eine Ansiedlung zu reden. Aber ich ließ mich nicht abweisen. Ich mußte die Geschichte seiner Gefangenschaft erfahren und wo und wie mein Bruder starb.

Die Ankunft Johns und die damit verbundenen Vorfälle hatten allen Schlaf aus meinen Augen verscheucht. Ebenso hatten der Schmerz und die Lähmung meiner Glieder nachgelassen. Indem ich die Hand meines Bruders nahm und ihn zu einem Sitz neben mir einlud bat ich ihn, mir seine Erlebnisse zu erzählen.

„Nicht eher, als bis Du mir eine Frage beantwortet hast!" sprach er.

„Gern, sprich nur."

„Wozu ist das Indianerweib hier, fürchtet Ihr nicht deren Verrat?"

„Nicht im Geringsten!"

Wir erzählten ihm nun, wie und wo wir sie gefunden hatten und von welchem großen Nutzen sie für uns gewesen ist.

„Dann wird es wohl in Ordnung sein!" antwortete er, und begann nun seine Erzählung.

„Du erinnerst Dich unserer Trennung und der großen Abteilung Indianer, die uns begleitete."

Ich bestätigte es.

„Erlasse mir die Schilderung der qualvollen Wanderung im tiefen Schnee und die brutale Behandlung, die wir von unseren grausamen Peinigern zu erleiden hatten. Nach drei Tagen, als sie sahen, daß sie nicht verfolgt wurden, lagerten wir in einem dichten Cedern=Walde. Bald hatten die Wilden ein großes Feuer entzündet, an dem sie sich behaglich ausstreckten und allmählich in tiefen Schlaf sanken.

Ich dachte nur an Flucht — kein Schlaf kam in meine Augen, leise berührte ich meinen Bruder und weckte ihn auf. Ohne, daß es eines Wortes bedurfte, verstand er mich und wir schlichen davon, unseren Weg in der Richtung nach unserer alten Heimat einschlagend."

„Ich weiß, was Ihr gefühlt haben möget," unterbrach ich ihn, „da ich mich in derselben Lage befand."

„Noch jetzt tadele ich mich, daß wir nicht mit mehr Geduld eine bessere Zeit abwarteten. Der Schnee ward unser Verräter; sie fanden unsere Spur und vor Mittag des nächsten Tages holten sie uns ein. Tollheit wäre es gewesen, sich zu widersetzen und so mußten wir uns ruhig in unser Schicksal ergeben."

„Welch schreckliche Erkenntnis!"

„Ja, es war entsetzlich! Die Indianer bestraften einen Fluchtversuch als das schwerste Verbrechen. Wir wußten, daß Einer oder Beide geopfert werden würden. Das Schicksal traf Tom. Frage nicht, wie er starb. Ich vermag es nicht zu beschreiben."

Sein Gesicht mit beiden Händen bedeckend, am ganzen Körper zitternd, blieb John mehrere Minuten ganz still und schluchzte nur zuweilen.

Ich weinte, ich konnte nicht anders. Das Schicksal meines Bruders mußte ein furchtbares gewesen sein. Endlich fragte Webb:

„Das hinderte Euch jedoch nicht, M. John, die Flucht nochmals zu versuchen?"

„Nein durchaus nicht."

„Aber das letzte Mal wartetet Ihr, bis der Schnee verschwunden war und Eure Spur nicht so leicht gefunden wurde?"

„So war es. Doch das war nicht Alles, ich nahm ihr schnellstes Pferd. Dennoch war mein Weg nicht ohne Gefahren und ist nicht eher Sicherheit vorhanden, bis die Wilden ausgerottet sind. Auch hier sind wir nicht sicher, das Licht des Feuers, welches mich anzog, kann auch die Indianer anlocken, habt Ihr daran gedacht?"

„Wir dachten schon am Abend daran!" antwortete ich. „Aber wie glücklich bin ich, daß wir uns nicht darum kümmerten, denn sonst hätten Dich die Wölfe zerrissen. Dein Pferd hätte seine Kräfte nicht länger behalten."

„Nicht eine Meile weiter!"

„Wie lange dauerte Euer Wettritt mit den Wölfen?" fragte Webb.

„Es dämmerte, als ich durch ein einsames Thal ritt; da hörte ich das Geheul eines Wolfes — ich hielt an, lauschte, indem ich dachte, daß vielleicht Indianer auf meiner Spur seien und dieses ihr Signal sei. Da drang

Geheul aus allen Richtungen. Ich war entschlossen mein Leben so teuer als möglich zu verkaufen und ritt eiligst weiter.

Immer näher kamen die Töne, mein Pferd wurde bald unruhig, roch in die Luft und zeigte die größte Angst; plötzlich ging es in einen rasenden Galopp über und als ich zurückblickte, konnte ich nur mehrere dunkle Gegenstände erkennen, die sich in kurzer Entfernung durch das Gebüsch eiligst bewegten."

„Die Wölfe?"

„Natürlich waren sie es und jetzt verstand ich die Gefahr, die mir bevorstand, ich kam hinaus in die offene Ebene, die Verfolger und der Verfolgte. Weit von mir sah ich ein schwaches Licht, einem Sterne gleich schimmern und wußte sogleich, daß es von einer menschlichen Wohnung und nicht von einem offenen Feldfeuer kam.

„Feuertet Ihr Eure Flinte ab?"

„Dies that ich; während ich das Licht beobachtete trennte sich ein großer schwarzer Wolf von den übrigen und sprang meinem Pferde an die Kehle. Ich zielte mit meiner Flinte auf den Kopf des Ungeheuers und traf ihn, denn er fiel nieder; einige Minuten hielten die anderen Wölfe an, rissen ihren gefallenen Genossen in Stücke und verzehrten ihn."

„Glaubt Ihr, daß jetzt Indianer in unserer Nähe sind?" fragte Webb, der das Thema zu ändern wünschte.

„Sie können nicht weit sein!" war die Antwort. „Aber weshalb fragt Ihr?"

„Weil wir hier ein paar Tage bleiben und ausruhen wollten. Eure Schwester bedarf der Pflege."

„Doch möchte ich dazu durchaus nicht raten, je eher wir von hier fortkommen, um so besser ist es."

„Und wirst Du mit uns gehen, John?"

„Natürlich!" antwortete er.

„Wenn wir nur ein Boot hätten!" sprach Webb, „dann könnten wir uns vom Fluß hinabtreiben lassen und die Schwierigkeiten und Gefahren unserer Reise würden bedeutend vermindert."

„Wenn ich nicht sehr irre, so ist kaum wenige Meilen von hier ein gutes Boot im Dickicht versteckt."

„Da gehen wir nächsten Morgen noch dorthin und suchen es."

„Warum nicht jetzt gleich? Ich habe keine Lust zum Schlafen."

„Wohlan denn, noch diese Nacht."

Hiergegen widersetzte ich mich. Mein Bruder war mir erst soeben wiedergegeben und ich konnte es nicht ertragen, ihn sogleich wieder aus den Augen zu verlieren.

„Weshalb wollen wir nicht bis zum Morgen warten; unser Weg führt uns vielleicht morgen dort vorbei. Wir können dann Alle zusammen gehen. Wenn das Boot dort ist, benutzt es, wenn es nicht gefunden wird, so ist keine Zeit verloren und wir können ohne dasselbe gehen."

Diese Beweisführung überzeugte John und Webb und der Aufbruch ward bis zum Morgen verschoben.

Als der Morgen kam, waren wir Alle gekräftigt

und erfrischt. Der Schlaf und ein warmes Frühstück hatten wie ein Wunder auf unseren Körper gewirkt. Nur ungern schieden wir von der Stätte, die uns Zuflucht gegeben und zur Retterin meines Bruders geworden.

Lange und sehnsüchtig schaute ich zurück, als das Wohnhaus unseren Blicken entschwand und vor uns nichts als die öde Schneewüste zu sehen war.

John hatte darauf bestanden, daß ich sein Pferd besteigen sollte, während er zu Fuß ging.

Ungeachtet der unglücklichen Verhältnisse unserer Gesellschaft und unserer gefährlichen Situation, in der Nähe feindlicher Wilden, brachte das glückliche Zusammentreffen in der Wildnis in uns ein Gefühl der größten Befriedigung hervor, doch wir waren uns aber gleichzeitig schmerzlich bewußt, daß wir uns in einer hülflosen, gefährlichen Lage befinden.

Wir marschierten am Ufer des Flusses entlang bis wir bei Sonnenuntergang den Ort erreichten, wo John das verborgene Boot beschrieben hatte.

Es war noch da, aber mit Schnee und Eis gefüllt und da es längere Zeit angestrengter Arbeit bedurfte, um das Boot flott zu machen, trafen wir Anstalten, unser Lager während der Nacht in einer nahen Schlucht aufzuschlagen.

In der tiefen Schlucht lag ein großer Baum, umgeben von dichtem Gebüsch und verborgen durch steile und zerrissene Felsen. Dieser Baum gewährte uns eine bequeme Position für den Rücken unseres Lagers. Baumstämme wurden rechts und links hingelegt und die Front offen gelassen, wo wir Feuer gegen einen anderen Stamm anzünden konnten, während Häute und Rinden, die von Lindenbäumen geschält waren, uns gegen Wind und Nässe schützten.

Am nächsten Morgen sahen wir, daß eine Fahrt den Fluß hinab, mit großer Schwierigkeit und Gefahr verknüpft war. Das Wetter war noch kalt, obwohl milder als zuvor und das Eis an jeder Seite des Flusses, war achtzehn Zoll dick. Die Gewalt der Strömung hielt die Passage in der Mitte offen.

Das Boot war nichts anderes als ein Kanoe. Ungefähr fünfzehn Fuß lang, an beiden Enden abgerundet und mit dem Beil ausgehöhlt. John unterstützt von Webb und Sonnenauge, reinigten das Boot von Schnee und Eis und setzten es wieder in Stand.

Nachdem dies Alles geschehen und der Kopf des Kanoes gerade über dem Wasser war, wurde es auf ein Signal Webbs vom Eis und Schnee in den Fluß geschoben und augenblicklich waren wir Alle an Bord; ein Jeder nahm den ihm schon vorher bezeichneten Platz ein und bald darauf trieb das Boot mit der Strömung fort.

Unsere Lage war jedoch im höchsten Grade unbequem, da wir keinen passenden Schutz gegen das Wetter hatten und zu unnatürlichen Stellungen gezwungen waren. Natürlich war mein Bruder genötigt gewesen, sein Pferd zurückzulassen, was jedoch kein großer Verlust war.

Gegen Abend, als wir eben ans Ufer gehen wollten um in einem Lager zu übernachten, fanden wir unsere Passage den Fluß hinab durch einen Bieberdamm versperrt. Zahllose Bäume waren an der Wurzel scheinbar wie mit einer Axt, abgehauen, und einige davon direkt über den Strom gelegt, wahrscheinlich, um als Brücke darüber zu dienen. Hier gingen wir, nachdem wir das Boot befestigt, ans Ufer, machten ein Feuer an und bereiteten unser Nachtmahl.

Während der Nacht heulten die Wölfe furchtbar und das entfernte Schreien eines Panthers hallte durch die Wälder zurück, trotzdem fühlten wir uns gewissermaßen sicher. Wir glaubten, daß eine Station der Vereinigten Staaten Truppen nicht weit entfernt sei und wir wußten auch, daß die Wilden die Nähe solcher Nachbarn gern meiden.

Am nächsten Morgen waren wir sehr früh munter, und obgleich es eine Arbeit war, die Zeit und Mühe kostete, so bewerkstelligten wir doch, daß wir das Boot über den Damm brachten und fuhren dann viele Meilen den Fluß hinab.

Endlich nahmen wir Zeichen der Civilisation wahr, die uns nicht täuschten. Wir hörten im Walde Holz fällen, das entfernte Gebrüll des weidenden Viches, das Krähen eines Hahnes, dann, indem wir um eine Wendung des Flusses bogen, erschien ein Haus, nicht eine Hütte, sondern ein gut gebautes Haus. Eine Frau kam an die Thür und schaute nach uns, in ihren Zügen lag ein

von Ueberraschung und Neugier. Als wir an—
—m, wurden wir aufs gastfreundlichste empfangen
—dem wir ein paar Tage dort verblieben, um
Kräfte wieder zu sammeln, wurden wir in den
—ö gesetzt zu unseren Freunden und Nachbarn zurückzukehren.

Sonnenauge blieb bei uns und machte sich in Haus
und Hof nützlich, doch als das warme Wetter wieder
den Sieg über den Winter feierte, verschwand sie plötzlich
ohne ein Wort des Abschiedes.